作ってあげたい、一緒に作りたい

“アツアツレシピ”

大胆　賢い

男と女の
ホットサンド

バウルーホットサンドカフェ

Hot Sand

OF THE MAN AND WOMAN

はじめに

はじめまして。バウルーホットサンドカフェです。
いきなりすみません。
バウルーを持っている方も、持っていない方も、
ちょっとイメージしてもらえますか。
食パンにバターを塗り、メンチカツとキャベツを挟んで、
とんかつソースをかけてバウルーで焼いた時のことを。
取り出した時の、美しい焼き色と、パンの耳までカリカリの食感を。
カットして、ガブリとかじれば、蒸し焼かれたキャベツは
汁がしたたらんばかりに艶めいて熱々で、
メンチは湯気とともに驚くほどジューシーさを増しています。

そこにあるのは、想像を超えたおいしさの感動。
わたしたちは、そんな気持ちを、みなさんにいつまでも
持っていてもらいたくて、この本を作りました。

そこで大切にしたのは、食べ続けたい味と、
焼き続けたくなるレシピのバリエーション。
ここに、意表を突いた食材の組み合わせはありません。
わたしたちが３回以上作りたくなるレシピを、厳選して掲載しています。
そして何より肝心なのは、相手に作ってあげたくなる味かどうか。
自分のために作るより、誰かのために作ってあげるほうが
ずっとモチベーションが上がるもの。
２人で一品ずつ作り合えば、味の幅がさらに広がりますし、
同じ食材で別の味を作り比べる楽しさも生まれます。
こうしてホットサンドを作り合ううちに、
いつの間にか、２人の仲もしっかり温まっている――、
そんな小道具として、末永くバウルーを使っていただけたらうれしいです。

この本のレシピの特徴

バウルーでホットサンドを作れば、料理が苦手な方、初心者の方でも
楽しく、おいしいアツアツサンドが作れます。
中に挟む具材はお好みですが、この本では、
青色は男性におすすめのレシピで、
中に挟む具材を最小限に、がっつりとインパクトがあり、食べ応えのあるレシピです。
赤色は女性におすすめのホットサンドで、
彩り、栄養、食感など、バランスのよい味わいになっています。
緑色は男女ともに作りやすいレシピです。

何を食べるか迷った時や、大切な誰かに作ってあげる時の参考にしてください。

バウルーについて

バウルーはシングルタイプ、ダブルタイプの２種類があります。
シングルはたっぷり具を挟め、お好みの形にカットしやすくなっています。
ダブルは左右のポケットに、それぞれ違う具材を挟んだり、
流れ出そうな具材を挟む時に向いています。
仕上がりも真ん中に圧力がかかるため、カリカリの焼き上がりになります。
この本では、具材に合わせて、２つのバウルーを使い分けています。

Single
（約330ml）

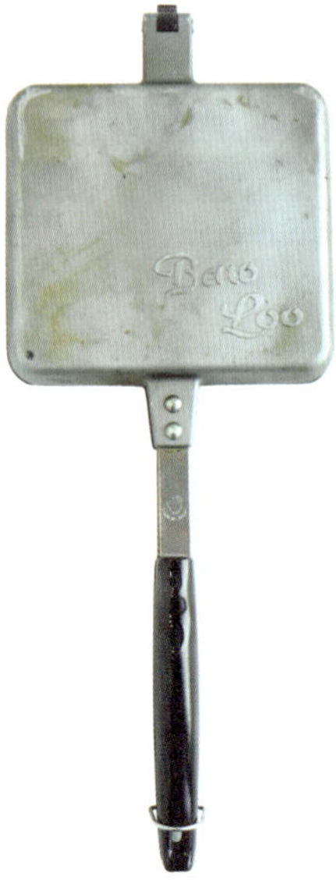

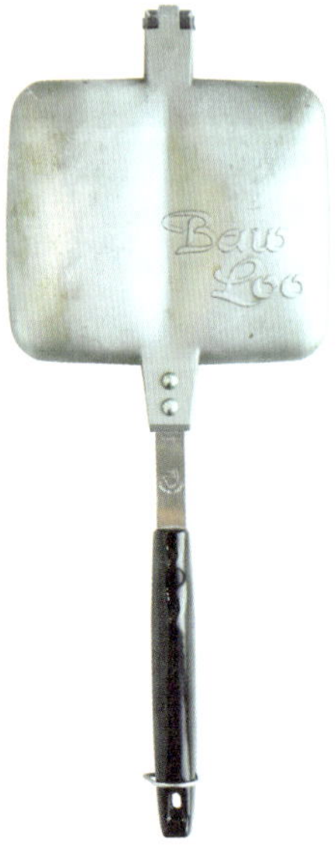

Double
（約300ml）

Contents

この本の共通ルール

- 材料は挟む具材のみを表記しています。“調味済みの具材”は、市販のお惣菜など、手に入りやすいものを使っているため、作り方を表記していません。食パンは8枚切り、もしくは6枚切りを使います。
- 作り方に特に記載がない場合は、あらかじめバターを塗ったパンを前提に、具をのせるまでの工程を紹介しています。詳しいパンの焼き方は、「カリふわ！ ホットサンドを作るコツ」(P.8)をご参照ください。ごはんについては「パリふわ！ 焼きおにぎりを作るコツ」(P.100)に記載しています。
- 小さじ1は5ml、大さじ1は15mlです。
- ごく少量の調味料の分量は「少々」または「ひとつまみ」としています。「少々」は塩、こしょう、スパイスなどを1～2ふりで、「ひとつまみ」は親指と人差し指の2本でつまんだ分量になります。
- 適量はお好みの分量になります。
- 火加減は特に記載がない場合、中火で調理してください。
- フライパンはフッ素樹脂加工のもの、またはバウルーを使用しています。

カリふわ！　ホットサンドを作るコツ

色々なレシピを楽しむその前に、基本の作り方をマスターしたいもの。
メニューは定番のハム卵サンド。まずはバウルーの定番レシピで、
バウラーの第一歩を踏み出しましょう。

●材料

食パン… 2 枚
卵… 1 個
ハム… 2 枚
バター…小さじ 1
塩・こしょう…各少々
パンに塗るバター…適量

●作り方

1. パンに塗るバターは室温に戻すか、軽く電子レンジで加熱してやわらかくし、2 枚の食パンの片面にそれぞれ塗る。
2. ハムは半分に切る。バターを塗った面を下にしたパンの上に、ハムを隙間なく並べる。
3. ボウルに卵を割り入れ、塩、こしょうをして混ぜる。
4. フライパン、もしくはバウルーにバターを溶かし、3 を流し入れ、やわらかめのスクランブルエッグを作り、2 のハムの上にのせる。
5. 4 の上に、バターを塗った面を上にして、もう 1 枚の食パンを重ね、バウルーに入れ、弱～中火の火加減で片面約 2 分ずつ焼く。
6. 表面がこんがりときつね色に焼けたら、食べやすい大きさに切り分けていただく。

Point

・食パンは 8 枚切り、もしくは 6 枚切りを使います。
具をたっぷり入れる際には、8 枚切りがおすすめです。
・バウルーをフライパン代わりに使う時は、
パンを焼く前に一度洗うか、内側の汚れをふき取ってから使いましょう。
・具は「少し多いかな？」と思うくらいたくさんのせても大丈夫です。
具がバウルーの中で蒸し焼きにされて小さくなります。
また、厚みがあると食べ応えが増します。
・焼き加減を確認したい時は、途中でフタを開けてみましょう。
ひっくり返して焼く時は、バウルーが熱くなっているため、
最初の面を焼く時より、少し短い時間で焼き上がります。
・連続して 2 つ以上のホットサンドを作る時は、バウルーが温まっているので、
片面約 1 分半ずつで焼き上がります。

Brunch

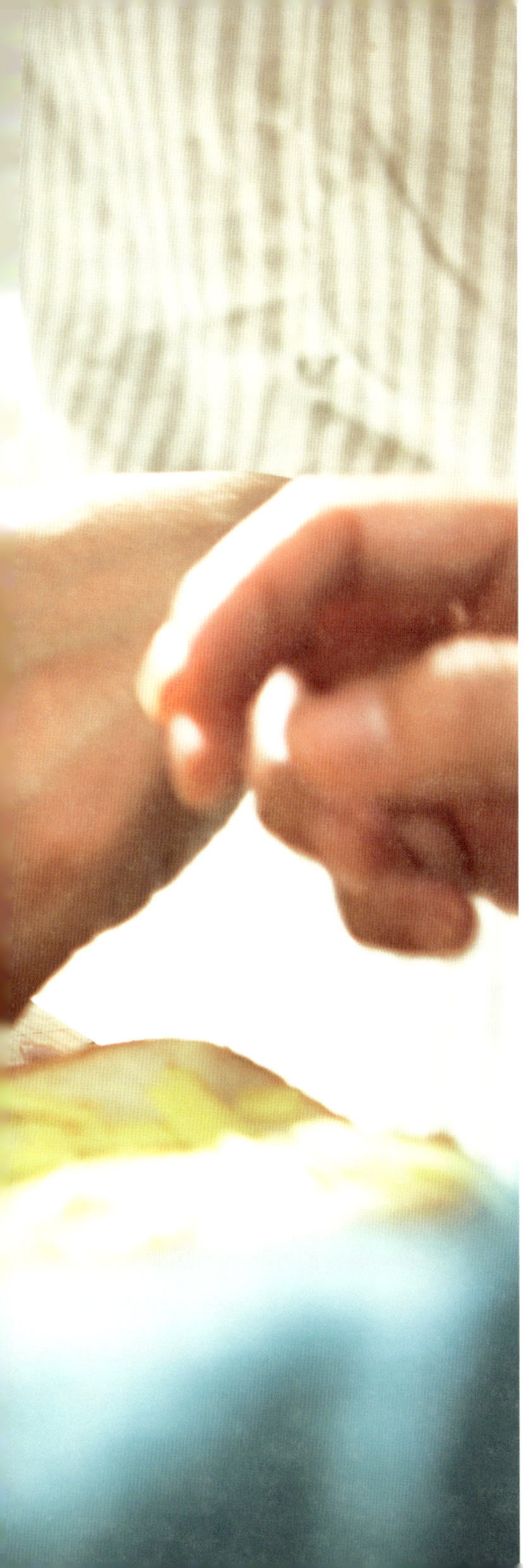

2人で作って、仲よく食べたい♥

ブランチ

いつもより開放的になれるお休みの日。
たっぷり寝て、朝はのんびりと起きて、

「さあて、今から何食べよ？」

バウルーで作るホットサンドは、
そんな休日にぴったりのブランチメニュー。

挟む具は卵、ツナ、ソーセージ、フライ、
前の日の晩のおかずと無限大。
パートナーとそれぞれ焼き合えば、
２人でひとつの食卓を作り上げる
クリエイティブな楽しみが生まれます。

ワインに合うメニューを作り合うもよし、
ひとつのテーマで作り比べるもよし。
休みの日から、２人のバウルーライフを
始めてみませんか。

男の中の男になる!?
ポパイのキッシュ風

ほうれん草を挟んでバウルーを火にかければ、
ジワリと活力が湧いてくる。それが男というものです。
そう、今の気分は古きよき、ヒーロー『ポパイ』。
力こぶは出なくても、おいしさで彼女を救います！

●材料

卵…１個
ベーコン…１枚
ほうれん草…40g
生クリーム…大さじ１
塩…ひとつまみ
黒こしょう…少々
バター…10g

●作り方

1. ボウルに卵を割りほぐし、生クリームを入れ、塩、黒こしょうを加えて混ぜる。
2. フライパンにバターを溶かし、ひと口大に切ったベーコンと、ほうれん草を炒める。
3. ２に１を流し入れ、ゆるめのスクランブルエッグにし、パンにのせる。

Point
卵液は生クリームを使うと、
コクが出て、マイルドになります。
ない場合は牛乳でも。

かじれば森の香り きのこアソート

複数のきのこを取り合わせるのがコツ。
蒸し焼きになったきのこの香りが素敵なサンドです。
チーズは必須。ピザソースも必ず。
せっかくだからオリーブも、ポパイのために入れましょう。

●材料

好みのきのこ…90g
ピザソース（市販）…適量
溶けるチーズ…適量
バター…10g
塩…ひとつまみ
こしょう…少々
オリーブ（輪切り）…お好みで

●作り方

1. フライパンにバターを熱し、食べやすい大きさに切ったきのこを炒め、塩、こしょうで調味する。
2. パンにピザソース、1、溶けるチーズ、お好みでオリーブをのせる。

Point
きのこはしめじ、マッシュルーム、舞茸など3種類以上組み合わせると、香り豊かに旨みも強くなります。
炒め過ぎると水分が出てくるので、強火でサッと火を通して！

ローストポークとジャム

キューバに捧ぐ

アメリカ・マイアミのリトルハバナでも親しまれる
フロリダ名物のホットサンド、「サンドイッチ・クバーノ」に
インスパイアされ、バウルーでそのおいしさを再現！

●材料

ローストポーク
（厚切り）… 4 枚
ハム… 2 枚
チェダーチーズ（スライス）… 1 枚
玉ねぎ…1/4個
にんにく… 1 かけ
レモン汁…小さじ1
オリーブオイル…適量

●作り方

1. 玉ねぎ、にんにくは薄切りにする。ローストポークは8mmほどの厚さに切る。
2. フライパンにオリーブオイルを入れ、にんにくを弱火で炒め、香りが立ったら玉ねぎを炒める。ローストポークも加え、表面をさっと焼く。
3. パンに、ハム、チェダーチーズ、ローストポーク、玉ねぎとにんにくをオイルごとのせ、レモン汁をかける。

Point

ローストポークはいろいろなレシピがあるので、
お好みのレシピであらかじめ作っておきます。
ここでは塩、こしょうをもみ込んだ豚ヒレ肉を
冷凍用保存袋に入れて空気を抜き、
ヨーグルトメーカーで加熱して冷まし、
表面を軽く焼きました。

ジャム&クリチの
ガスト・ディ・クアトロ

食パンにジャムやペーストを塗り分け、
４つの味＝Gusto di Quattroを楽しむサンド。
ひと口ごとに変化する様はデザートアソートのよう。
想定外のおいしさがここにあります。

●材料

あんずジャム…大さじ1
ブルーベリージャム…大さじ1
クリームチーズ…大さじ1
アーモンド(スライス)…小さじ1

●作り方

1. パンにあんずとブルーベリーのジャムを半分ずつ塗る。
2. もう1枚のパンの半分にクリームチーズを塗り、半分にナッツをのせる。
3. バウルーに2をのせ、その上にジャムが垂直に重なるように1を重ねる。

Point
柑橘系のスッキリした風味のジャムと、
果肉がゴロゴロ入った濃厚なジャムを
組み合わせるのがおすすめ！

俺のドイツ味！
カリーヴルスト

ブランチビールのつまみはソーセージ。
カレーという魔法の粉で玉ねぎを軽く炒め、
一緒に挟んで焼いてガブリ、ぷは――！
昼からビールの最高の相棒です。

●材料

ソーセージ…4本
玉ねぎ…1/4個
溶けるチーズ…15g
カレー粉…小さじ2
ケチャップ…大さじ1
サラダ油…小さじ1

●作り方

1. フライパンにサラダ油を熱し、細かく刻んだ玉ねぎ、カレー粉半量を全体が黄色くなるまで炒める。
2. 別のフライパンを熱し、ソーセージを炒める。表面に焦げ目が付いたら残りのカレー粉をふり、軽く炒める。
3. パンの上に1、2をのせて、ケチャップをかけ、溶けるチーズをのせる。

Point
具材とカレー粉を一緒に炒めることで、
香りと一体感が増します。

野菜ゴロゴロ！
じゃがたらブロッコリー

ソーセージの相棒といえばじゃがいもですが、
ジャーマンポテトじゃ、芸がない。
バウルーで挟んで、焼いてホクホクの食感に！
白・緑・桃の断面が美しい、付け合わせサンドの決定版。

●材料

ブロッコリー…2〜3房
じゃがいも…小〜中1個
たらこ…2/3腹（大さじ1と1/2）
マヨネーズ…大さじ2/3
バター…大さじ1/2
塩…ひとつまみ
ナツメグ…少々
こしょう…少々

●作り方

1. ブロッコリーは小房に分けてラップに包み、電子レンジでやわらかくなるまで加熱し、粗く刻む。
2. じゃがいもは1cmの角切りにし、水にさらしてでんぷん質を洗い流し、ラップに包んで電子レンジで加熱する。
3. ボウルに2を入れ、熱いうちにすべての調味料を加えて混ぜる。薄皮からほぐしたたらこ、ブロッコリーを加えてさらに混ぜ、パンにのせる。

Point
たらこの塩気で、塩は調整してください。
じゃがいもは、水から茹でると、
さらに甘さが増しておいしくなりますよ。

ソーセージとじゃがいも

フライとクリームチーズ

アジフライの
もりもりタルタル

夜ごはんに残ったアジフライがあれば、
翌朝バウルーに挟むのがおすすめです。
タルタルソースと、キャベツのせん切りを山盛りにして
男焼きすれば、ちょっと贅沢なサンドの出来上がり！

●材料

アジフライ…１枚
玉ねぎ（みじん切り）
…大さじ１
キャベツ…１枚
タルタルソース（市販）
…大さじ１と1/2
塩…少々

●作り方

1. アジフライは尾を取る。玉ねぎは水にさらし、しっかり水気を絞る。キャベツはせん切りにする。
2. タルタルソースに、１の玉ねぎ、塩を混ぜ合わせる。
3. パンに１のキャベツ、アジフライ、２をのせる。

Point
フライは白身魚でもサーモンでも。
タルタルソースに玉ねぎを
入れることで、風味が増します。

りんごクリチ

りんご&はちみつのゴールデンコンビを
甘〜いサンドに衣替え。
味のまとめ役はクリームチーズ。
白ワインや紅茶にぴったりな、姫のブランチサンドです。

●材料

りんご…1/3個
くるみ…小さじ1と1/2
クリームチーズ…大さじ1
はちみつ…適量
シナモンパウダー…少々

●作り方

1. りんごは皮をむき、薄いくし形切りにする。
2. パンにクリームチーズを塗る。
3. 2に1のりんごを重ね、くるみを散らし、はちみつをかけ、シナモンパウダーをふる。

Point
りんごは薄くスライスして重ね、
サクサクとした食感を楽しみます。

サバとズッキーニ

サバ味噌グラタン

和食の定番「サバ味噌」を洋風に大変身！
味噌と相性のいいチーズにもっちりとした里いもを加え、
パンに挟んでカリッと焼けば、サバ味噌グラタンに早変わり！

●材料

サバ味噌（缶詰）…70g
里いも…２個（正味45g）
小ねぎ（小口切り）…大さじ１
溶けるチーズ…適量
マヨネーズ…大さじ１弱

●作り方

1. 里いもは皮をむいてラップに包む。電子レンジでやわらかくなるまで加熱し、1.2cmの角切りにする。
2. ボウルにサバ味噌をほぐし、マヨネーズで和える。
3. パンに２、たっぷりの溶けるチーズ、小ねぎをのせる。

Point
七味唐辛子をアクセントに加えると、
さらに男前なサンドになりますよ。

ズッキーニ
ジェノベーゼ

野菜たっぷりで腹持ちのいいイタリアンサンド。
パスタやラタトゥイユだけじゃない、
ズッキーニの使い方を再発見！

●材料

ズッキーニ（輪切り）
…6〜9枚
じゃがいも…1/2個
ベーコン…１枚
バジルソース（市販）…適量
粉チーズ…大さじ1

●作り方

1. ズッキーニを6mm厚さの輪切りにする。じゃがいもは皮をむいてラップで包み、電子レンジでやわらかくなるまで加熱し、ズッキーニと同じ厚さに切る。
2. ベーコンは半分に切り、フライパンで焼く。脂が出てきたら、ズッキーニを入れ、弱火で表面がこんがりするまで炒める。
3. パンにズッキーニ、ベーコン、じゃがいも、バジルソース、粉チーズの順に重ねる。

Point
時間があれば、じゃがいもは茹でてみて！
甘さが引き立って、さらにおいしい
ホットサンドになります。

バターじょうゆのポークソテー

ちょっとレトロな定食屋さんの洋食、
ポークソテーをバウルー流にアレンジ。
とろけるバターと香ばしいしょうゆの匂いが、
鼻とお腹をぐんぐん刺激します。

●材料

豚肩ロース肉（薄切り）…70g
キャベツ（せん切り）…適量
バター…大さじ1
こしょう…少々
サラダ油…小さじ1
A
- にんにく（すりおろし）…1かけ
- 日本酒…大さじ4
- しょうゆ…大さじ2
- 砂糖…大さじ1/2

●作り方

1. 豚肩ロース肉はこしょうをし、サラダ油を引いたフライパンで軽く炒める。
2. 肉に半分くらい火が通ったら、A、バターを加え、汁気がなくなるまで肉に味をからめながら炒める。
3. パンにキャベツ、2をのせる。

Point
豚肉は、こま切れを使ってもおいしく作れます。

水玉模様の蜜りんご

甘じょっぱいサンドの後は、
やさしくふくよかな味わいの煮りんごのデザート。
手づかみで食べる、ホットアップルパイ風の仕上がりです。

●材料

りんご…1個
レーズン…小さじ1強
砂糖…小さじ2
はちみつ…小さじ2
ラム酒…適量
シナモンパウダー…少々

●作り方

1. りんごは皮をむき、薄いくし形切りにする。浸る程度のラム酒でレーズンをやわらかくしておく。
2. 小鍋に1のりんごを入れ、ひたひたの水（分量外）を注ぎ、砂糖、はちみつを加えて軽く混ぜ、弱火でりんごが半透明になるまで煮る。
3. パンに2をのせ、1のレーズンを散らし、シナモンパウダーをふる。

Point
砂糖とはちみつはお好みで加減してください。
煮る時は落としブタをすると、早く火が通ります。
余った煮りんごはヨーグルトなどに入れても。
ラムレーズンはあらかじめ作っておくと便利です。

ポークソテーとりんご

伯爵の？
モンテクリスト

クロックムッシュよりお手軽で、
フレンチトーストより主食にしやすいモンテクリスト。
甘いふわもちパンがチーズのコクとハムの塩気を引き立て、
ガブリと頬張れば、気分はもう伯爵！

●材料

ハム… 2 枚
溶けるチーズ…15g
バター…適量
こしょう…少々
A
- 卵… 1 個
- 牛乳…大さじ 3
- 砂糖…小さじ1/2
- 塩・こしょう…各少々

●作り方

1. バットに A を混ぜ合わせ、卵液を作る。
2. パン 2 枚を 1 に浸して、全体が黄色くなるまで10分間ほど吸わせる。
3. バウルーの両面に薄くバターを塗って、2 のパンを 1 枚のせ、ハム、溶けるチーズの順にのせてこしょうをふり、もう 1 枚のパンを重ねる。

Point
ハムのほかに、ツナやソーセージ、
お好みの具材をチーズと合わせれば、
いろいろなモンテクリストのアレンジが楽しめます。

山盛りレタスの
ツナサラダ

シャキシャキのレタスの食感は見事そのまま！
まるでツナサラダを食べているような、
ヘルシーで爽やかなホットサンドです。

●材料

ツナ（缶詰　ノンオイル）
…80g
玉ねぎ（みじん切り）
…大さじ1
レタス…適量
マヨネーズ…大さじ1
こしょう…少々

●作り方

1. ボウルに汁気をきったツナ、玉ねぎ、マヨネーズ、こしょうを入れて混ぜ合わせる。
2. レタスは6mm幅の細切りにする。
3. パンに1をまんべんなく塗り、2をこんもりのせる。

Point

玉ねぎの代わりにセロリの薄切りを加えると、
爽やかな風味のサンドに仕上がります。
レタスはたっぷりのせても、
焼くとかさが減るのでご安心を。

ホットサンド “CUT STYLE”

一緒に食べる人数やシーン、具によって切り方を変えれば、食卓がもっと楽しくなります。
こぼれやすい具は大きめに、ジャムやペーストなどは小さめにカットして、
みんなでいろいろなサンドをシェアしましょう。

Single Baw Loo

短冊

縦三等分にしたスマートな
フォルムがおしゃれ。

スティック

おちょぼ口に似合うパーティカット。
ジャムや卵のサンドにおすすめ。

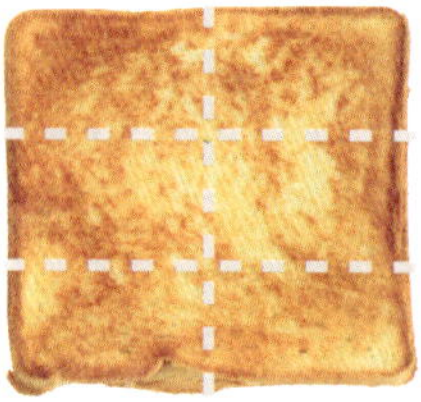

つまみ

シェアしたくなる六等分。
形が崩れにくいジャムやペーストのサンドに。

マウンテン

対角線を結ぶ三角形。
具をダイナミックに見せられます。

ゲレンデ

斜面に具がてんこ盛りの、
おいしいゲレンデをイメージ！

らせん階段

台形をさらに半分。
立てて並べるとゴージャスな盛り付けに！

Double Baw Loo

リボン

ダブルの筋に直角に包丁を入れて。
メガネにも見える、人気のカット。

Single & Double Baw Loo

手帖

ベーシックな半分カット。
お弁当など持ち運びにも便利な形です。

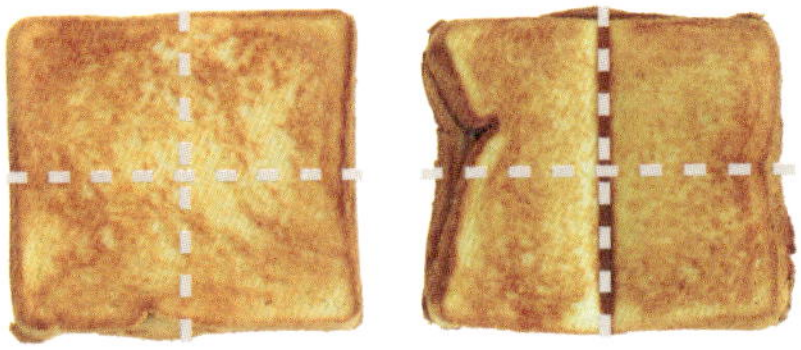

田んぼ

田んぼの田の字に四等分。
2人や4人で味を分け合いたい時に。

くちばし

直角三角形。ダブルで作ると、
小ぶりでむっちりとした形がキュート。

Outdoor

現地調達は共同作業！

アウトドア

軽く、コンパクトで持ち運びしやすく、
直火が使えるバウルーは、
永きにわたり、アウトドアファンに
愛されてきた歴史があります。

バウルーで作るホットサンドといえば、
キャンプの朝ごはんの定番。
具を挟んだ食パンをバウルーの中に入れ、
サイクリングやドライブに出かければ、
河川敷や山頂など、気持ちのよい場所で
熱々のホットサンドが出来ちゃいます。

外で食べるごはんは、
いつもより一段とおいしく感じるもの。
庭やベランダなど、身近な屋外調理も
コンパクトなバウルーならお手のもの。
晴れた日は、青空ごはんが
いつでもどこでも楽しめます。

☞ *Recommend*

バウルーホットサンドカフェ愛用の
ガスバーナーはイワタニ・プリムスの
「プリムス2243バーナー」です。
安定感のある五徳で、ダブルのくぼみも
しっかり支えてくれます。

バウルーでコロッケパン

JAM HAM CHEESE !

カリッとチョコバナナ

バウルーでコロッケパン

パンに挟んだコロッケにソース&チーズ。
ただそれだけなのに、どうしてこんなにおいしいの？
頬をかすめる風がますます口元をほころばせる、
アウトドア向けサンドです。

●材料

コロッケ…1個
チェダーチーズ(スライス)…1枚
ソース…適量

●作り方

パンにコロッケをのせてソースをかけ、
溶けるチーズをのせる。

Point
道の駅などで購入した
ご当地コロッケを挟むのも、おすすめ。

Column

食材探しの旅に出て ご当地サンドを 楽しもう

焼き肉サンド

旅先で訪れた道の駅や直売所の棚に、見慣れぬ食材やパッケージを見つけると、ついテンションが上がってしまうもの。そんな出合いの喜びをたっぷり挟んで、ご当地ホットサンドを作ってみませんか。
例えば、青森の家庭の常備調味料「スタミナ源たれ」で味付けした焼肉サンドや、広島名物「やわらかいか天」にキャベツを挟んだお好み焼き風サンド。はたまた、秋田の道の駅で見つけた、おばあちゃん手作りの「バター餅」を大胆に挟むのもオツなもの。また、アウトドア用のガスバーナーを持参すれば、直売所でお惣菜を買い、旅先で挟み焼きなんていう楽しみ方も出来ちゃいます。
ご当地名物が詰まったホットサンドを食べれば、旅の記憶が深まります。そして再び、新たな食材探しへと旅立ちたくなること間違いなし！

バター餅サンド

お好み焼き風サンド

JAM HAM CHEESE !

道の駅でつい手が伸びる、ご当地ジャムにこだわりハム。
買い立てホヤホヤの材料をチーズと一緒に
挟んで焼けば、旅先ホットサンドの一丁上がり。
帰宅してから再び焼けば、旅情をそそるおいしさに！

●材料

ハム…1枚
溶けるチーズ…15g
マーマレード…大さじ1

●作り方

1. パンにマーマレードを塗る。
2. 1にハム、溶けるチーズを順にのせる。

Point

ベリー系、そしてりんごジャムもおすすめです！

カリッとチョコバナナ

アウトドアで食べる甘いサンドは
シンプル&ワイルドがいい感じ。
携帯しやすいバナナ、チョコ、ナッツなら、
その条件をすべて満たしてくれるはず。

●材料

バナナ…1本
板チョコ…1/2枚
ミックスナッツ…大さじ1

●作り方

1. バナナは縦半分に切る。
2. パンに板チョコ、ミックスナッツ、1の順に重ねる。

Point

ナッツの歯応えを楽しむならそのまま、
食べやすくするなら、粗く砕いて。

Breakfast

具はわたし、焼くのはあなた

ブレックファースト

パパッと作れて栄養バランスがよく、
すぐに食べられ、腹持ち良好。
そして何よりおいしい――！
そんな朝ごはんに求められる要素を、
ぎゅっと詰め込めるのは
バウルーならではの魅力です。

野菜と加工肉などのたんぱく源を
両方具に盛り込めば、たったひとつでも
栄養満点のホットサンドの出来上がり。
コンビーフなどの缶詰や、ハム、フライ、
時には前の日のおかずを活用して、
手軽に新たなおいしさを作り出せるのも
バウルークッキングの醍醐味です。

具担当と焼き担当を２人で分担し、
焼き上げる４分間にコーヒーを入れる。
そんな手際のよさも気持ちよく楽しんで、
朝のおいしさを作ってみませんか。

目覚めの朝に！ グラノーラエッグ

「おはよう」の声で目覚めても、朝はぼんやり夢心地。
そんな気分をやさしく包み込むのが、卵が焼ける甘い香り。
グラノーラのサクッとした食感を加えれば、
アクセントになる上、ミネラルもたっぷりです。

●材料

グラノーラ…大さじ3
卵…1個
牛乳…30ml
砂糖…小さじ1
バター…10g

●作り方

1. 卵、牛乳、砂糖を混ぜ合わせて卵液を作る。
2. フライパンにバターを溶かし、1を流し入れて手早く混ぜ、炒り卵を作る。
3. パンに2、グラノーラをのせる。

Point
卵は、少し甘めの味付けがポイント。
せっかくのグラノーラの食感を生かすため、
水分を飛ばして仕上げます。

トリコロールサンド

ブロッコリーの緑、ハム＆トマトケチャップの赤、
卵の黄色とカラフルな3色のホットサンド。
栄養、食感と三拍子揃って、
朝からエネルギーチャージ！

●材料

卵…1個
ハム…1枚
ブロッコリー…2房
バター…10g
塩・こしょう…各少々
ケチャップ…適量

●作り方

1. ボウルに卵を割りほぐし、塩、こしょうを加えて混ぜる。
2. ブロッコリーは小房に分け、ラップに包んでやわらかくなるまで電子レンジで加熱する。
3. フライパンにバターを溶かし、1、2を加えてゆるめのスクランブルエッグを作る。
4. パンに3をのせ、ケチャップをかけ、その上にハムを重ねる。

Point
野菜はグリーンアスパラガスや、
スナップエンドウでも。
旬のもので楽しんでください。

朝の爽やかコンビーフ

食べ応えと軽やかさのいいとこ取り！
フィリングを前日の晩に作り置きしておけば、
挟んで焼いて4分ほどで出来上がり！
忙しい朝の上質メニューです。

●材料

コンビーフ…25g
きゅうり
（10cm長さの薄切り）…4枚
きゅうり（粗みじん切り）
…適量
玉ねぎ（みじん切り）
…大さじ1
マヨネーズ…大さじ1/2
塩・こしょう…各少々

●作り方

1. ボウルにコンビーフをほぐし、玉ねぎ、きゅうりの粗みじん切り、すべての調味料を加えて混ぜる。
2. パンにきゅうりの薄切りを並べ、1をのせる。

Point

コンビーフに加えたきゅうりの代わりに、
輪切りにしたセロリもおすすめです。

コンビーフで作る
お手軽肉詰めサンド

時間はないけどしっかり食べたい。
そんな時は、この簡単肉詰めスタイルがおすすめ。
シャキッとした野菜の食感、ほとばしる肉汁が
朝から集中力と、やる気を与えてくれます！

●材料

コンビーフ…25g
カラフルピーマン…1個
溶けるチーズ…15g
ケチャップ…大さじ1
こしょう…少々

●作り方

1. カラフルピーマンは縦半分に切り、種とヘタを取る。
2. 1のピーマンにコンビーフを隙間なく詰める。
3. パンの上にケチャップをまんべんなくかけ、溶けるチーズ半量、2、残りの溶けるチーズを順に重ね、こしょうをふる。

Point

ピーマンに詰めるのは、
ツナマヨやサバマヨでもOK！

コンビーフ

ハムとパインの
南国ピザ風サンド

開放的な気分になれる暖かな南国をイメージして、
朝からピザ風ホットサンドはいかが？
缶詰をはじめ、身近な食材でアレンジ出来ます。

●材料

ハム…１枚
パイナップル
（缶詰　スライス）…１枚
溶けるチーズ…15g
ピザソース（市販）
…大さじ1
こしょう…少々

●作り方

1. パンにピザソースをまんべんなく塗る。
2. 1の上にハム、パイナップル、溶けるチーズをのせ、こしょうをふる。

Point
パイナップルは、ペーパータオルで
シロップの水気をしっかりふくと、
ベタつきなく仕上がります。

とろける！
ハムチーズマフィン

バウルーで焼けるのは食パンだけではありません。
マフィンにバターを塗り、具を挟んで焼けば、
コーングリッツが香ばしいマフィンサンドの出来上がり。
丸い形も朝の食卓を盛り上げます。

●材料

ハム…１枚
トマト（薄切り）…３枚
コーン…大さじ１強
溶けるチーズ…適量

●作り方

1. トマトは、厚さ4mmほどの薄切りにする。
2. マフィンにハム、１、溶けるチーズ半量、コーン、残りの溶けるチーズを順に重ねる。

Point
こぼれやすいコーンを
チーズでまとめるのがポイント。
トマトの上にもチーズをのせることで、
食材同士の密着力が高まり、食べやすくなります。

プレートいらずの朝ごはん！ 超食サンド

朝食の定番、ハムエッグ&ハッシュドポテトに
野菜を挟んだもりもりスタミナサンド。
ワンプレートの量をワンハンドで食べる――、
これはもう、朝食を超えた「超食」です！

●材料

ハッシュドポテト…１枚
卵…１個
ベーコン…１枚
ピーマン…1/2個
ケチャップ…大さじ１
塩…小さじ1/4
サラダ油…小さじ１

●作り方

1. フライパンにサラダ油を熱し、卵を割り落とし、目玉焼きを焼く。目玉焼きを端に寄せ、ハッシュドポテトを入れて温める。
2. パンに半分に切ったベーコン、薄切りにしたピーマン、１のハッシュドポテト、目玉焼きの順に重ね、ケチャップをかけ、塩をふる。

Point
ハッシュドポテトは、すでに揚げてあるものでも、
冷凍品をオーブントースターで
焼いたものでもOK！

グラタン風もっちりクリームコロッケ

「グラタンが食べたければ、
クリームコロッケを分解すればいいのよ！」
そう。コロッケでまさかのグラタンサンドが出来るんです。

●材料

クリームコロッケ…1～2個
グリーンアスパラガス…３本
溶けるチーズ…15g

●作り方

1. グリーンアスパラガスは根元の固い皮をピーラーでむき、ラップで包んで電子レンジで加熱する。半分に切り、下半分をさらに半分に切る。
2. クリームコロッケを半分に切り、パンにのせる。
3. コロッケとコロッケの間に根元部分のアスパラガスを置き、溶けるチーズをのせ、最後にアスパラガスの穂先をのせる。

Point
グリーンアスパラガスの根元のほうは
繊維が噛み切りにくい場合があるので、
穂先より短く切って、食べやすくします。

目覚めよカラダ！

ホームメイド
“エナジー”ドリンク

ホットサンドに合わせたいのが、
自家製のエナジードリンク。
朝やブランチに一杯飲めば、
身体の中から力が湧いてくるよう。
フレッシュフルーツ＆野菜の
瑞々しいおいしさが、
サンドではとれない栄養と味わいを
身体の中に運んでくれます。

エナジーオレンジ

爽やかさの中に、甘いコクを感じるフレッシュジュース。
オレンジのほかに、みかん、いよかんなどでも。

●材料（作りやすい分量・2～3杯分）

オレンジ… 1 個
にんじん…1/3本
りんご…1/3個
水…250ml
氷…2～3個
はちみつ…お好みで

●作り方

1. にんじんは薄い輪切りに、りんごは皮をむいていちょう切りにする。オレンジは果汁を搾る。
2. ミキサーにすべての材料を入れ、液状になったら出来上がり。お好みで、はちみつ小さじ1～2を加える。

Point

にんじんはしっかり洗えば、皮をむかなくても大丈夫です。オレンジは甘皮が付いたまま入れると、繊維分が多くなり、水と分離しやすくなるため、出来るだけ搾ってから使いましょう。
オレンジキュラソーなどのリキュールを小さじ１杯ほど加えると、香り高くいただけます。

エナジーグリーン

キウイフルーツとセロリの清涼感あふれる一杯。
ビタミンCと食物繊維を補給したい時にもおすすめです。

●材料（作りやすい分量・2～3杯分）

キウイフルーツ… 1 個
りんご…1/3個
セロリ…約15cm
水…250ml
氷…2～3個
はちみつ…お好みで

●作り方

1. キウイフルーツとりんごは皮をむき、いちょう切りにする。セロリは薄切りにする。
2. ミキサーにすべての材料を入れ、液状になったら出来上がり。お好みで、はちみつ小さじ1～2を加える。

Point

セロリは葉の部分を適度に混ぜましょう。ジュースの色、味ともに濃くなり、味が引き締まります。
どちらのエナジードリンクも、水の量は好みで調整してください。果物や野菜の大きさで、出来上がりの分量に若干差が出ますが、何度も作って、自分好みのバランスを見つけてくださいね。

青椒肉絲サンド

Column

手抜きでもおいしく！ パパッと朝ごはん

朝ごはんに熱々のホットサンドを食べたい。でも、具を作るのはちょっと面倒……。実はそんな時に重宝するのが、晩ごはんのおかずです。例えばカレー、グラタンなどの洋食系はホットサンドと相性◎。ツナ、チーズなど、素材に合わせてひと味加えると、晩ごはんとはまったく違った味わいが楽しめます。
また、メンチカツや魚フライも最強のバウルーフード。
フライにせん切りキャベツをのせ、とんかつソースやタルタルソースをかけるだけ。腹持ちもいいので、朝ごはんにぴったりです。
また、青椒肉絲、回鍋肉などの定番中華もパンと相性抜群。肉じゃが、豚キムチなど、味のしっかりしたおかずもそのまま挟めて便利ですよ。
バウルーの魅力は、挟み焼きすることで新しいおいしさが生まれること。一度試せば、きっと翌朝のためにおかずをちょっと残しておきたくなるはず。

肉じゃがサンド

Lunch

あの人と分け合って食べたい

ランチ

オフィスの給湯室や自宅のキッチンで、
時間をかけずにおいしいものを
作って食べたい——。
そんな食いしん坊の願いを叶えるのに
バウルーほど最高の相棒になってくれる
調理器具はないでしょう。

パパッと作って片手で食べられるから
仕事をしながらのランチにもぴったり。
スーパーやコンビニに並んでいる
身近なお惣菜でも作れるため、
挟む食材に困ることもありません。

また、熱々がおいしいのはもちろん、
コクがあって腹持ちのいい
ホットサンドはお弁当にしてもいいんです。
午前と午後の間の活力補給、
おいしく、楽しいリフレッシュタイムを
バウルーで作りましょう。

アジアン焼きそば

焼きそばにナンプラーをアクセントで加え、
バウルーでちょっと挟み焼き。
かじる度に、こぼれるアジアの香りが、
つかの間のランチトリップへといざないます。

●材料

焼きそば…100g
ナンプラー…小さじ1/2
パクチー…２本

●作り方

1. 焼きそばにナンプラーを加えてよく混ぜ、電子レンジで温める。
2. パンに１、刻んだパクチーをのせる。

Point

ナンプラーは塩気が強いので、
入れ過ぎに注意しましょう。
食べる直前にレモンを搾れば、
さらにアジアの香りに！

おいしさ鉄板！ ナポリタンエッグ

鮮やかな黄色の薄焼き卵に、
真っ赤なナポリタンをのせたホットサンド。
トマトの香りと陽気な配色に誘われて、
思わず誰かとシェアしたくなってしまうはず。

●材料

ナポリタン…100g
卵…１個
砂糖…小さじ1/4
塩…小さじ1/4
サラダ油…小さじ１

●作り方

1. 卵、砂糖、塩をボウルに合わせ、卵液を作る。フライパンにサラダ油を熱し、卵液を流し入れ、薄焼き卵を焼く。
2. パンに１、ナポリタンをのせる。

Point

炒めた玉ねぎを加えると、
さらに食感と、甘さが加わります。

ハムカツとポテサラのミックスサンド

つまみの二大巨頭・ハムカツとポテサラ。
その2つがバウルーの中で出合うと、
腹持ちのいいランチメニューに様変わり！
柚子こしょうの刺激が、味の決め手です。

●材料

ハムカツ…１枚
ポテトサラダ…50g
マヨネーズ…大さじ１
ソース…小さじ1/2
柚子こしょう…小さじ1/4

●作り方

1. パンにポテトサラダをまんべんなくのせ、ハムカツを重ねる。
2. マヨネーズ、ソース、柚子こしょうを混ぜ合わせ、１のハムカツに塗る。

Point

ハムカツは厚みのあるものを選べば、
見た目も食べ応えも、ダイナミックに！

カツ屋へGO！

トンカツ屋１軒で具が揃うお手軽サンド。
メンチとホットサンドの相性は言うまでもなく、
一度焼いたら永遠の定番メニューに！
なにはともあれ、カツ屋へGO！

●材料

メンチカツ…１枚
キャベツ（せん切り）…適量
ソース…適量

●作り方

1. パンにキャベツを山盛りのせる。
2. １の上にメンチカツをのせ、ソースをたっぷりかける。

Point
キャベツは、キャベツ入りサラダを使っても。
バウルーで蒸し焼きにすれば、山盛り入れても、
ちゃんとパンの中に納まってくれます。

ツナットー

焼くと納豆の匂いと粘りが抑えられるため、
ランチにもぴったりの和洋折衷メニュー。
これなら昼休みに、白昼堂々と納豆が楽しめます！

●材料

ツナ（缶詰 ノンオイル）
…40g
納豆…30g
小ねぎ（小口切り）…適量
マヨネーズ…大さじ1
しょうゆ…小さじ1
和からし…少々

●作り方

1. ボウルに水気をきったツナ、マヨネーズを入れて混ぜる。
2. 別のボウルに納豆、しょうゆ、和からしを入れて混ぜる。
3. パンに1、2、小ねぎをのせる。

Point
納豆にしっかり味を付けるので、
ツナマヨに他の調味料を入れなくても大丈夫。

みんな大好き！
ツナマヨエッグ

サンドイッチ定番の具、
ツナと卵をダブルで盛り込んだ欲張りサンド。
「バウルーホットサンドカフェ」の人気レシピで
堂々１位の愛されメニューです。

●材料

ツナ（缶詰 ノンオイル）
…40g
卵…１個
玉ねぎ（みじん切り）
…1/4個
マヨネーズ…大さじ1
塩・こしょう…各少々

●作り方

1. 卵は固めに茹で、殻をむき、5mm厚さに切る。
2. ボウルで水気をきったツナ、マヨネーズを混ぜる。
3. パンに２、玉ねぎ、１をのせ、塩、こしょうをふる。

Point

パセリのみじん切りをツナに合わせれば、
爽やかな香りがプラスされます。

鶏肉

夜まで待てない！
焼き鳥サンド

そのまま食べればお酒が必須、
パンに挟めばリッパな主食！
タレの香りとパンの焼ける香ばしい匂いに、
作るそばからお腹が鳴ります。

●材料

焼き鳥（タレ）… 3 本
ししとうがらし … 2 本
柚子こしょう … 小さじ1/2

●作り方

1. ししとうがらしは縦 4 等分に切り、フライパンで軽く焼く。
2. 焼き鳥を串から抜き、パンの上に並べる。
3. 2 の焼き鳥の上に柚子こしょうを散らしてのせ、1 をのせる。

Point
焼き鳥を串から抜く時は、
レンジで少し温めると抜きやすくなります。
焼き鳥は、お好みのものでどうぞ！

梅しそ香る
ホットサラダチキン

コンビニでもよく目にする、
ヘルシーで使い勝手のいいサラダチキン。
梅の酸味としその香りが食欲をそそり、
さっぱりとした口当たりがクセになります。

●材料

サラダチキン（プレーン）
…40g
しそ… 2 枚
マヨネーズ…大さじ 1
梅干し…1/2個

●作り方

1. サラダチキンはひと口大にほぐし、ボウルに入れる。
2. 1 に種を除いた梅干し、マヨネーズを加えて混ぜる。
3. パンにちぎったしそ、2 をのせる。

Point
梅干しの分量は塩加減をみて、調整してください。
しそはたっぷり加え、爽やかな香りを楽しんでも！

海の恵みたっぷり！
和風ちくわパン

ちくわの凹みにひじき煮を詰め、
マヨネーズとおかかをかけて挟み焼き。
和テイストの惣菜パンが手軽に作れます。

●材料

ちくわ…２本
ひじき煮…30g
マヨネーズ…大さじ1
かつおぶし…適量

●作り方

1. ちくわは縦半分に切り、凹んだほうを上にしてパンに並べる。
2. 1のちくわの上にひじき煮をのせ、マヨネーズとかつおぶしをかける。

Point
縦半分にカットしたちくわの凹みに
ひじき煮を埋めるようにのせると、
すき間なく挟めます。

薬味マヨの
きんぴらサンド

ザクザク歯触りと薬味のハーモニーが絶妙！
甘辛いきんぴらを薬味マヨネーズが引き締めます。
ランチはもちろん、昼のお茶請けサンドにも。

●材料

きんぴら…60g
香味野菜（小ねぎ、しそ、みょうがなど）…大さじ1
マヨネーズ…大さじ1
しょうゆ…小さじ1/4

●作り方

1. 香味野菜は細かく刻み、マヨネーズとしょうゆを混ぜ、薬味マヨネーズを作る。
2. パンにきんぴらを並べる。
3. 2のきんぴらの上に1をのせる。

Point
香味野菜はお好みのものを使い、
オリジナルの薬味マヨネーズを楽しんでください！

バウルーで作るお弁当

持ち運びしやすく、片手で食べられるホットサンドは、
オフィスでも、公園でも、場所を選ばず楽しめるケータリングフードです。
バウルーに慣れてきたら、ぜひチャレンジしたいのが「ホットサンド弁当」。
特にお弁当作りに適しているのはダブルタイプのバウルー。
その理由は、ホットサンドの縁がギュッと閉じられ、
中に詰めた具が崩れにくいため。左右にそれぞれ違う具を入れれば、
2つの味わいを一度に焼くことも出来るんです。
お弁当にする時のポイントは、出来るだけ汁気の出ない具を挟むこと。
そして、塩味はやや強めにしておくと、
温め直さなくてもおいしくいただけます。
熱々のおいしさはもちろんですが、意外に冷めてもいけるのが
バウルーで作ったホットサンド。昼に塩味のサンドを食べて、
小腹が空いたらおやつにスイーツサンドでひと休み……、
そんな楽しみ方もいいですね。

**お弁当箱不要の
手軽さが魅力！**

アルミホイルで包めば、お弁当箱がいらない上、食べる時も手を汚さないので便利。食後の片付けもラクチンです。

お弁当におすすめ！　ホットサンドおかず

スパイシーツナ

ツナと玉ねぎのみじん切りを、豆板醤とマヨネーズで味付けしたパンチのある味。お子様向けには、豆板醤の代わりにカレー粉を使ってもいいでしょう。前日に作り置きしておくと朝が楽！

オクラベーコン

オクラを巻いたベーコンに軽く塩、こしょうをふり、フライパンでこんがりと焼き、溶けるチーズと一緒に焼くだけ。香ばしいベーコンの香りと塩気が食欲を誘う、おすすめのサンドです。

Breaktime

コーヒー？　紅茶？　２人でくつろぐ❤

ブレイクタイム

ホッとひと休みしたい時、
家に遊びに来る友人のおもてなしに、
バウルーで作る甘いホットサンドは
やさしくみんなを癒してくれる存在。
食パンと果物に、砂糖やチョコといった
手軽に手に入る食材で、
どこにもないおいしさが作れます。

薄く作るか、厚みを出すか、
甘いサンド作りはそれが肝心。
スリムなサンドにはグラニュー糖や
ジャム、ペーストを使い、
ぷっくりとしたサンドには、
水分が少なめの果物を使うといいでしょう。

甘いサンドは冷めたほうが
味が落ち着いて食べやすくなるものもあり、
あえて作り立てではない風味を
楽しむのも一興。
洋酒を使えば香り高く仕上がり、
大人の味が楽しめます。

シュガーバター

シンプルにグラニュー糖とバターをふっただけ。
どこか懐かしい甘さが、
子供時代の記憶を呼び覚ます味です。

●材料

グラニュー糖…6g
バター…5g

●作り方

1. パンにバターを塗る。
2. 1の上にグラニュー糖をまんべんなくふりかける。

Point
グラニュー糖で作るとシャリシャリとした食感、
上白糖を使うとしっとりした食感が味わえます。

フレンチトースト

バウルーで焼けるのはホットサンドだけにあらず。
フライ返し不要で、こんがりフレンチトースト！

●材料

卵…1個
牛乳…100ml
砂糖…大さじ1
バニラエッセンス…少々
バター…10g
フルーツ…お好みで
メープルシロップ…お好みで

●作り方

1. バットに卵を割りほぐし、牛乳、砂糖、バニラエッセンスを加えてよく混ぜ、卵液を作る。
2. パン1枚（4枚切り）を1に30分ほど浸す。
3. バウルーの両面にバターを塗り、2を焼く。
4. お好みでカットしたフルーツ、メープルシロップを添えていただく。

Point
食パンは浸しすぎると膨張して、
バウルーの中に入れにくくなるので注意しましょう。

シンプルスタイル

チョコレート

義理を愛に変える！
ブラックサンダーサンド

義理チョコの代表選手を大胆にサンド。
バウルーで稲妻級のスピードで義理を愛に変え、
大切な人に食べてもらおうじゃないですか。

●材料

ブラックサンダー… 4個
クリームチーズ…小さじ1
コーヒーリキュール
…小さじ1/2

●作り方

1. パンにクリームチーズを塗る。
2. 1の上にブラックサンダーを風車のように並べ、コーヒーリキュールをふる。

Point

コーヒーリキュールの代わりに
グランマルニエをふると、
柑橘系の香りが楽しめ、また違った味わいに。

チョコトリオ

ほんの少しのチョコレートでも存在感たっぷり。
バウルーの中で、熱々に溶けたチョコが
他の素材とからみ合い、新たなおいしさが生まれます。

●材料

板チョコレート（ブラック）
… 6片
クリームチーズ…適量
ラズベリージャム…適量
ピーナッツバター…適量

●作り方

1. パンにクリームチーズ、ラズベリージャム、ピーナッツバターを3列になるように塗る。
2. 1の上に板チョコレートを均等に並べる。

Point
食べる時にチョコをのせたところでカットすると、
チョコが流れ出てしまうので注意しましょう。

あんこ

いきなりバウルー！

熊本の郷土菓子「いきなりだご」をヒントに、
ふかしたさつまいもとあんこを一緒に挟んだ
これぞご当地バウルーです！

●材料

さつまいも…1/4本
こしあん…大さじ3
塩…少々

●作り方

1. さつまいもは5mmほどの厚さに切り、電子レンジでやわらかくなるまで加熱する。
2. パンの上にこしあんを塗る。
3. 2の上に1を並べ、塩をふる。

Point
紫いもや白あんを使うと、
断面がカラフルに仕上ります。

いちご大福

アイデアの素はいちごの入った「練り切り」。
粗くつぶしたいちごとあんこを混ぜてパンに挟んだら、
フルーティで軽やかなおいしさが生まれました。

●材料

いちご… 3個(40g)
こしあん…60g
日本酒…小さじ1

●作り方

1. いちごは4等分に切る。
2. ボウルに1、こしあん、日本酒を入れ、スプーンの背などでいちごを軽くつぶしながら混ぜる。
3. パンに2をまんべんなく塗る。

Point

こしあんは固めのものがおすすめ。
生八つ橋を重ねると、もっちり感が加わります。

爽やかレモン&梅酒バナナ

ガブリと頬張れば、梅酒の芳醇な香りと
ほろ苦く、爽やかなレモンの香りがフワリ。
梅とレモンで気分爽快なおいしさ！

●材料

バナナ…1本
レモンの皮（すりおろし）
…小さじ1/2強
はちみつ…大さじ1
梅酒…小さじ2

●作り方

1. バナナは半分に切り、縦3枚にスライスし、梅酒をふる。
2. パンに1をのせてはちみつをかけ、レモンの皮を散らしてのせる。

Point
バナナはひと晩梅酒に浸しておくと、
よりフルーティな風味に仕上がります。

ねっとり濃密♥焼きバナナ

焼いたバナナのとろけるような濃密さを
ギュッと挟んだホットサンド。
切り口から溢れるメープルシロップがたまりません。

●材料

バナナ…1本
バター…10g
メープルシロップ…少々
シナモンパウダー…少々

●作り方

1. バナナは半分に切り、縦2枚にスライスする。
2. フライパンにバターを溶かし、バナナを入れて表面をこんがりと焼く。
3. パンに2をのせ、メープルシロップをかけ、シナモンパウダーをふる。

Point
バナナはじっくりと焦げ目を付けることで、
甘さが増します。

バナナ

ゴマピー

練りごまに、ピーナッツとグラニュー糖。
ただそれだけなのに、どうしてこんなにおいしいの？
ごまとピーナッツの香ばしさがダブルで迫ります。

●材料

黒ごまペースト（無糖）
…大さじ1
グラニュー糖…大さじ1
ピーナッツ…適量

●作り方

1. 黒ごまペーストとグラニュー糖を混ぜる。
2. ピーナッツはポリ袋に入れ、麺棒などでたたき、粗く砕く。
3. パンに1を塗り、2を散らす。

Point
ピーナッツの粒感が好きな方は、
砕かずに、そのままサンドしてもおいしいです。
その場合は、均等にのせましょう。

桃モッツァレラのハニートラップ

甘くもっちりとした感覚が、クセになるカップリング。
はちみつで味を引き締めて香ばしく焼けば、
罠にはまったかのごとく、手が止まりません。

●材料

桃（缶詰）…1切れ
モッツァレラチーズ…80g
はちみつ…大さじ1

●作り方

1. モッツァレラチーズと桃は、5mmほどの厚さに切る。
2. パンの上にモッツァレラチーズと桃を交互に並べ、はちみつをかける。

Point
生の桃で作る場合は、カットした後に
レモン汁をからめ、
変色を防ぐと、色鮮やかに仕上がります。

カリッと vs. もっちり

カスタード

お手軽マロンカスタード

パック入りの甘栗をランダムに
カスタードクリームに散らすだけ。
洋酒をかけて香りよく仕上げれば、
大人もうれしいマロンスイーツの出来上がり！

●材料

甘栗… 6 個（30g）
カスタードクリーム
…大さじ 2

●作り方

1. 甘栗を包丁の腹などで、挟みやすいようにつぶす。
2. パンにカスタードクリームを塗り、1 をのせる。

甘栗は包丁の腹でつぶすのが怖い場合は、
フォークの背でつぶしてください。

プリンでふるふる
フルーツフラン

カスタードクリームの代わりに焼きプリンを使い、
フルーツと一緒に焼き上げた、フラン風サンド。
ボリュームがあるのに軽い食感。
洋酒の香りとともに焼き立ての熱々をどうぞ。

●材料

焼きプリン…1/2個
オレンジ・マンゴー
…各適量
はちみつ…小さじ1と1/2
洋酒（オレンジキュラソー、
またはグランマルニエ）
…小さじ1

●作り方

1. オレンジは皮をむき、甘皮から果肉を取り出す。
マンゴーは皮をむき、ひと口大にスライスする。
2. 焼きプリンはスプーンですくい、1と交互になるようにパンに並べる。
3. 2にはちみつをかけ、洋酒をふる。

Point
プリンは熱しても溶けない、
ゼラチン不使用の焼きプリンで。
果物は水気の少ないもの、桃の缶詰などもおすすめ。

キャラメル

究極のちょい足し！塩キャラメル

すっかりおなじみとなった「ちょい足し」という言葉はまるでバウルーのためにある言葉。
キャラメルクリームに塩をひとふり、
それだけで甘さがキュッと引き締まります。

●材料

キャラメルクリーム…大さじ2
塩…小さじ1/4

●作り方

1. パンにキャラメルクリームを塗り、塩をまんべんなくふる。

Point
塩は粒の大きなものを使うと、
その食感がアクセントになります。

ビターなキャラメルマキアート

インスタントコーヒーを湯で溶いてパンに染み込ませ、
さらにキャラメルクリームを重ねたビターなサンド。
甘いだけじゃ物足りない、大人のおやつに。

●材料

キャラメルクリーム…大さじ2
インスタントコーヒー…小さじ1
湯…小さじ2
ブランデー…小さじ1/2

●作り方

1. インスタントコーヒーは湯で溶く。
2. 1枚のパンに1、もう1枚のパンにブランデーを染み込ませる。
3. 片方のパンにキャラメルクリームを塗る。

Point
ブランデーがない時はラム酒でも。
洋酒を加えると、香り高く仕上がります。

Column

甘いサンドにリキュールマジック！

素材の風味を引き立て、甘い香りを放ち、キレのある味わいに導いてくれる魔法の一滴、それがリキュール。チョコレートにはブランデー、ベリー系にはキルシュ、バナナやマロンにはラム酒、プリンや柑橘系にはコアントローやグランマルニエ。ホットサンドにもケーキ作りの感覚で使ってみると、おいしさが飛躍的に向上します。ポイントは、焼く直前に小さじ1/2ほどふりかけること。ぜひお試しを！

Otsumami

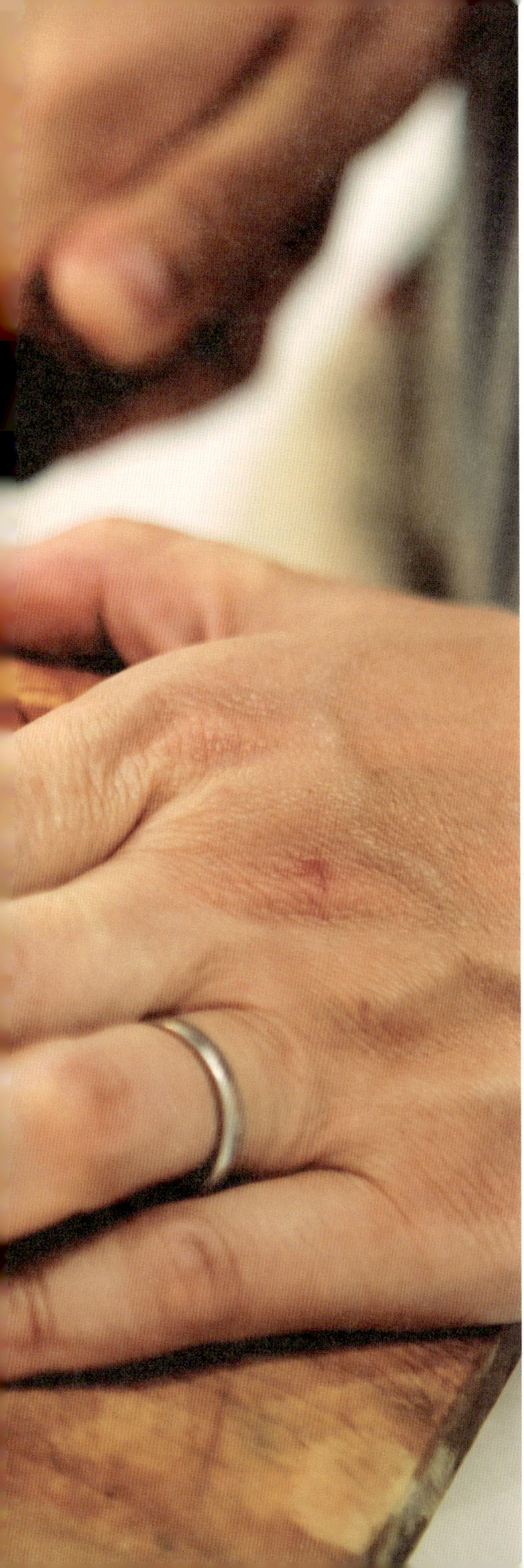

今晩は、2人で家飲み❤

おつまみ

何でも挟めるホットサンド。
その魅力が俄然引き出されるのが、
お酒のお友になる時かもしれません。

遊び心をスパイスにメニューを考えれば、
作る時間そのものがエンターテインメント。
卓上コンロでひっくり返して
焼き上がりを待ちながら、
香ばしい香りをつまみに
一杯始めるのもオツなもの。

パートナーに作ってあげたい、
食べさせたい。
そんなメニューを揃えてみました。

マボカド

麻婆はフリーダム。
豆腐の代わりにアボカドを使い、麻婆ソースにからめれば
辛さとまろやかさを併せ持つ、ツンデレ味に！

●材料

麻婆豆腐の素（市販）…20g
豚ひき肉…40g
アボカド…小１個
しいたけ…１枚
しょうが（みじん切り）
…小さじ1/2
長ねぎ（みじん切り）
…大さじ２強
サラダ油…小さじ１

●作り方

1. アボカドは皮をむいて種を除き、しいたけとともに8mmの角切りにする。
2. フライパンにサラダ油を弱火で熱し、しょうがを炒める。香りが立ったら豚ひき肉を炒め、火が通ったら、しいたけを加えて炒める。
3. 2に麻婆豆腐の素、1のアボカドを加えて軽く煮込み、長ねぎを加えて火を止め、パンにのせる。

Point

煮込む時に水気が少ない場合は、
適宜水を加えてください。
チーズを加えると、
まろやかさが加わります。

アボン玉

アボカドとはんぺんを、温泉卵でひとまとめ。
ふわふわとやさしさの間に浸っていると、
時折ツンと鼻に抜ける、
わさびの香りにしてやられます。

●材料

アボカド…1/4個
はんぺん…1/2枚
モッツァレラチーズ…25g
しょうゆ…小さじ２
温泉卵…1/2個（黄身多めに）
わさび…小さじ１

●作り方

1. アボカド、はんぺん、モッツァレラチーズは、それぞれ1cmの角切りにする。
2. ボウルに1、しょうゆ、温泉卵、わさびを入れ、ざっくり混ぜ、パンにのせる。

Point

温泉卵は黄身の部分を多めに使ってください。
残った卵は納豆などに混ぜ込んで、食べましょう。

アボカド

イワシの
ガリマヨサンド

濃茶に光る蒲焼きのタレに
にんにくとマヨネーズが溶け込む頃、
男心は焼酎色に染まるのです。

●材料

イワシの蒲焼き（缶詰）… 1 缶
にんにく…1/2片
マヨネーズ…大さじ1
三つ葉…適量

●作り方

1. パンの上にイワシの蒲焼きを並べる。
2. にんにくは薄切りにし、1 の蒲焼きの上に散らす。
3. 2 にマヨネーズをかけ、ざく切りにした三つ葉をのせる。

Point
お好みで七味唐辛子をかけても。

バー的な
オイルサーディン

熱々のオイルサーディンに粒マスタードをのせた、
とある老舗のバーのつまみ。
そのままホットサンドにしてみたら、
これ以上ないほどにワインが恋しくなりました。

●材料

オイルサーディン（缶詰）
… 4 枚
粒マスタード…大さじ 2

●作り方

1. パンにオイルサーディンを 2 本ずつまとめてのせる。
2. 1 のオイルサーディンの上に粒マスタードをこんもりのせる。

Point
粒マスタードはこんもりとまとめてのせて。
その酸味が味を引き締めます。

イワシ

牛肉

SUKIYAKI

甘辛牛肉と豆腐のふんわりした食感に
ねぎを挟んだニクい奴。
このおいしさ、世界進出決定です！

●材料

牛肉（薄切り）…50g
木綿豆腐…100g
青ねぎ（小口切り）…適量
しょうゆ…小さじ2
みりん…小さじ1
砂糖…小さじ1
サラダ油…小さじ1
一味唐辛子…お好みで

●作り方

1. 木綿豆腐をペーパータオルで包んで電子レンジで温め、5mmほどの厚さに切る。
2. フライパンにサラダ油を熱し、牛肉を炒める。火が通ったら、1、しょうゆ、みりん、砂糖を加え、煮汁がほとんどなくなるまで炒める。
3. パンの上に2の豆腐、牛肉の順に重ね、青ねぎをのせる。お好みで一味唐辛子をふる。

Point
豆腐はフライパンで炒めると、香ばしさが増します。

わさびがピリッ！
牛肉サッと焼き

牛肉の色が変わる程度にサッと焼き、
薬味にわさびを添えたシンプルな味わい。
いつまでも飽きのこない、素材重視の味わいです。

●材料

牛肉（薄切り）…70g
玉ねぎ…1/4個
にんにく… 1 片
小ねぎ…適量
しょうゆ…小さじ1
塩…小さじ1/4
こしょう…少々
わさび…小さじ1
サラダ油…小さじ1

●作り方

1. 玉ねぎは薄切りに、にんにくはみじん切りに、小ねぎは小口切りにする。
2. フライパンにサラダ油を弱火で熱し、にんにくを炒める。香りが立ったら玉ねぎを加えて軽く炒める。
3. 2に牛肉を加えて炒める。火が通ったら、しょうゆ、塩、こしょうをして調味する。
4. パンに3をのせ、1の小ねぎ、わさびを散らしてのせる。

Point
わさびは塗り広げず、
ある程度まとめてのせると、
味が引き締まります。

にんにくマシマシ！バウルー二郎

ラーメンの具をホットサンドにしたら……？
そんな発想から生まれたラーメンサンド。
調味料代わりに使ったベビースターが
うまさマシマシの決め手です！

●材料

チャーシュー（または煮豚）…40g
ベビースター…適量
もやし…30g
にんにく…1/2片
塩…小さじ1/4
サラダ油…小さじ1

●作り方

1. チャーシューは5mmほどの厚さにスライスし、にんにくはみじん切りにする。
2. フライパンにサラダ油を熱し、もやしを軽く炒め、塩で調味する。
3. パンに2のもやし、チャーシュー、ベビースター、にんにくの順にのせる。

Point
チャーシューのたれが少ない場合は、
もやしの味付けを気持ち濃いめにしましょう。

にんにくの香ばしさ、しらすの塩気、
しその爽やかさがパンの中で一体に！
パンに染みたにんにくの香りとオリーブオイルが
白ワインを呼ぶ味。

しらすペペロン

●材料

しらす…15g
しそ…１枚
にんにく…1/2片
オリーブオイル
…小さじ1/2
塩…小さじ1/4

●作り方

1. しそはせん切りにする。にんにくは薄切りにする。
2. パンににんにく、しそ、しらすの順にのせ、オリーブオイルをかけ、塩をふる。

Point
にんにくは、オリーブオイルで香りよく炒めても。

ふわふわのり玉

大和いもと卵をベースにしたお好み焼き風サンド。
めんつゆの代わりにソースを使うなど、
気分でアレンジしても楽しい一品です。

●材料

大和いも（すりおろし）
…100ml
溶き卵…1/2個分
もみのり…大さじ1
めんつゆ…適量
サラダ油…小さじ1

●作り方

1. 大和いもをボウルに入れ、溶き卵を加えて混ぜる。
2. 1にもみのり、めんつゆを加え、やや濃いめに調味する。
3. フライパンにサラダ油を熱し、2を流し入れて両面を色よく焼き、パンにのせる。

Point
具はお好み焼きに使う具なら何でも合います。
炒めた豚肉やベーコン、桜海老を加えても。

なす味噌パンおやき

小麦粉の生地をこねる代わりに
食パン&バウルーを使った簡単おやき。
お茶や味噌汁にもぴったりの「和ウルー」です。

●材料

なす…中1本
長ねぎ…5cm
小ねぎ（小口切り）…適量
味噌…大さじ1
サラダ酒…大さじ1/2
ごま油…大さじ1/2

●作り方

1. なすは1cmの角切り、長ねぎは縦半分に切って1cm幅に切る。
2. フライパンにサラダ油、ごま油を熱し、1をしんなりするまで炒める。
3. 2に味噌を加え、弱火で軽く炒めて具に味をなじませる。パンにのせ、小ねぎを散らす。

Point
なすを炒めている途中で水気が足りない時は、
水または酒を大さじ1～2加えて水分を補います。
また味噌は、種類によって塩分が異なるため、
量は味を確認しながら入れましょう。

スタミナ系

アンニョンプテチゲ

パンの中に色々な材料を詰め込める、
まるで小さな鍋のようなバウル―。
キムチをベースに、たっぷりと具を重ねれば、
100%マシッソヨ！

●材料

ソーセージ…4本
キムチ…30g
コーン…大さじ1
溶けるチーズ…15g
のり（パンサイズ）…1枚
ごま油…小さじ1/4

●作り方

1. ソーセージは電子レンジで、軽く温める。
2. パンにのり、キムチ、ソーセージ、溶けるチーズ、コーンの順にのせ、香り付けにごま油をかける。

Point

キムチを入れ過ぎると、
水分が出て焦げる原因になるのでご注意を！

お惣菜が大変身！ スタミナレバニラ

中華料理はホットサンドに相性抜群の具材。
青椒肉絲、麻婆豆腐、そしてレバニラ。
ごはんをパンに替えるだけで、
想像だにしなかった、おいしさが生まれます。

●材料

レバニラ…100〜120g
ごま油…少々

●作り方

1. パンにレバニラをのせる。
2. 1のレバニラの上にごま油をかける。

Point
やわらかめに仕上げた
炒り卵をのせるのもおすすめ。
ごま油で風味豊かに。

Party

今日は２人のお客様。力を合わせて！

ホットサンドパーティ

バウルーに慣れてきたら、
ホットサンドパーティを
開いてみませんか。
カリッとふわっと驚きのおいしさを
みんなと一緒に頬張れば、
バウルーの楽しさがさらに広がります。

その日のために、
２人でホットサンドだけの
特別フルコースを考えるのも楽しいもの。
トロリと溶け出す熱々のチーズや、
食べ応えたっぷりのハンバーグなど、
誰もが食べたい定番の具の中に、
味のアクセントとなるエスニックや
意外性のある和の食材を入れていくのが
メニューづくりのポイントです。

参加メンバーが一品ずつ焼き合ったり、
その場で何を焼くかくじ引きで決めるなど、
２人ならではの企画を立てれば、
パーティが盛り上がること間違いなし！

バウルーでホットサンドパーティ

Menu 1

初めてのバウルーパーティ

Scene：友人、家族、初対面の方もいるホームパーティ

The number of participants： 6 人

Starter

サワディーガパオ

エスニックで第一印象にインパクト
（P.94 / Single）

Meat

チーズハンバーグ

手抜きでもしっかりおいしいご馳走サンド
（P.97 / Single）

Hors d'oeuvre

とろける！ ハムチーズマフィン

とろけるチーズでホットサンドの
醍醐味を満喫
（P.40 / Single）

Vegetable

**野菜ゴロゴロ！
じゃがたらブロッコリー**

付け合わせ的野菜補給でほっとひと息
（P.16 / Double）

Fish

はんぺんのりのりたらこ

和ウルーで意外性を演出
（P.94 / Single）

Dessert

爽やかレモン&梅酒バナナ

お腹いっぱいでもペロリ！
爽やかスイーツ
（P.68 / Single）

Point

下ごしらえが必要なのは、「サワディーガパオ」と「野菜ゴロゴロ！　じゃがたらブロッコリー」のみ。他は切って重ねるだけで出来る簡単メニューです。ガパオは缶詰を使えば、いっそうお手軽！

おすすめのサブメニュー

- タコのマリネ ベビーリーフ添え
- 豆のポタージュ

スターターからデザートまで、その魅力を余すところなく表現！
友人や大切なお客様に飽きることなく楽しんでもらえる、
ホットサンドフルコースを組み立てるポイントを紹介します。

Menu 2

インターナショナルパーティ

Scene：外国人を交えたホームパーティ、近所の友人の集い

The number of participants：４人

Canada

セントローレンスマーケット風なすフライ

サクッとジューシー！　なすの意外な魅力を再発見

（P.96 / Single）

Italy

季節の野菜でバーニャカウダ

野菜の食感を生かしたヘルシーサンド

（P.98 / Single）

Cuba

キューバに捧ぐ

マイアミのソウルフード。
パンの形も変えて気分転換！

（P.14 / Single）

Japan

SUKIYAKI

牛肉×豆腐×青ねぎの甘辛味を
ホットサンドで

（P.82 / Single）

Japan

いちご大福

冷めてもおいしい、フルーティあんサンド

（P.67 / Double）

Point

各国の名物料理にインスパイアされたホットサンド。
「セントローレンスマーケット風なすフライ」
「キューバに捧ぐ」「SUKIYAKI」「いちご大福」の
下ごしらえさえ済ませておけば、あとは重ねて焼くだけ。
サンドによってカット方法を変えることで、
見た目にも楽しく演出できます。

おすすめのサブメニュー

- シーザーサラダ
- キャロットラペ

サワディーガパオ

エスニックは料理上手な印象を残せる最強カード。
手軽な缶詰を使えば、焼くだけの調理で出来上がり！

●材料

ガパオ（缶詰）… 1缶（125g）
卵 … 1個
サラダ油 … 小さじ1

●作り方

1. ガパオは水気をきる。
2. フライパンにサラダ油を熱し、目玉焼きを作る。
3. パンに1、2をのせる。

Point
バジルの葉を加えると、より香り高くなります。

はんぺん のりのりたらこ

ピンク・白・黒の美しい断面が見事。
意外な相性のよさで、パーティでも人気の一品です。

●材料

はんぺん … 1枚
のり（パンサイズ）… 3枚
たらこ … 大さじ1
バター … 10g

●作り方

1. フライパンにバターを熱し、はんぺんを両面こんがり焼く。
2. 1のはんぺんを厚さ半分にスライスする。
3. パンにのり、はんぺんを重ね、薄皮ごとほぐしたたらこをまんべんなくのせ、さらにのり、はんぺん、のりと重ねる。

Point
辛子明太子を使うと、
ピリ辛でお酒がすすむおつまみにも。

この2サンドでつかみはOK!

セントローレンス マーケット風なすフライ

旅先のカナダで食べたなすのバーガーに想いを馳せ、
ザクッとジューシーなおいしさをバウルーに託し焼き。
みんなで味を分け合えば、思い出までもシェアできます。

●材料

なすフライ…160g
レタス… 1 枚
溶けるチーズ（スライス）… 1 枚
ケチャップ…大さじ 2
塩…小さじ1/4

●作り方

1. レタスはひと口大にちぎり、パンにのせる。
2. 1 のレタスの上になすフライ、溶けるチーズ、ケチャップ、なすフライ、レタスと交互に重ね、塩をふる。

Point
なすフライは挟むと圧縮されて薄くなるので
厚めのものを使うと、存在感が出て、
しかもジューシーな仕上がりに！

チーズハンバーグ

分厚い肉料理はパーティの花形メニュー。
そしてパンから溶け出すチーズはホットサンドの切り札。
２つを組み合わせたら、もう勝てない勝負はありません！

●材料

ハンバーグ…１個
チェダーチーズ（スライス）…１枚
ソース…大さじ2
ケチャップ…大さじ1
赤味噌…大さじ1

●作り方

1. ハンバーグは、電子レンジで温める。
2. 小鍋にソース、ケチャップ、赤味噌を混ぜ、弱火にかけて赤味噌が溶けるまで軽く煮詰める。
3. 2に1を加え、ソースをからめる。
4. パンにチェダーチーズ、3をのせる。

Point

ソースに赤味噌を加えることで、コクが増します。
赤味噌がなければ、いつもお使いの味噌でも。

季節の野菜で バーニャカウダ

ひと際色鮮やかな、温野菜のホットサンド。
色とりどりの野菜にバーニャカウダソースをかけて、
ガブリと旬野菜を召し上がれ。

●材料

キャベツ…1枚
ブロッコリー…30g
パプリカ…1/4個
バーニャカウダソース（市販）…大さじ1
塩…小さじ1/4

●作り方

1. キャベツはひと口大に切り、ブロッコリーは小房に分ける。パプリカは縦長にスライスする。
2. キャベツとブロッコリーをラップで包み、電子レンジで火が通るまで加熱する。
3. パンにバーニャカウダソース半量を塗り、キャベツ、ブロッコリー、パプリカをのせる。塩をふり、残りのバーニャカウダソースをかける。

Point
玉ねぎやカリフラワー、紫キャベツといったカラフルな野菜を組み合わせると、華やぎます。

めんそーれ！ にんじんしりしり

沖縄料理の定番、にんじんしりしり。
かつおぶしの風味が後を引くヘルシーな味わいは、
冷めてもおいしく、シャキシャキ食感を楽しめます。

●材料

にんじん…1/3本
ツナ（缶詰 ノンオイル）…80g
卵…1個
かつおぶし…少々
めんつゆ…大さじ1
サラダ油…小さじ2
塩…少々

●作り方

1. にんじんはせん切りにし、フライパンにサラダ油半量を熱し、しんなりするまで炒める。
2. 1に水気をきったツナを加えてさらに炒め、全体に火が通ったらかつおぶし、めんつゆを加えて炒め合わせる。
3. ボウルに卵を割りほぐして塩を加えて混ぜ、別のフライパンに残りのサラダ油を熱し、薄焼き卵を作る。
4. パンに3、2を順にのせる。

Point
にんじんを炒めた後、溶き卵を加えて一緒に炒めると、さらに調理がお手軽に。

野菜で栄養バランスよく

パリふわ！　焼きおにぎりを作るコツ

バウルーで焼けるのは、パンだけじゃありません。
ごはんを挟めば、金網なしでこんがり熱々の焼きおにぎりが作れます。
湯気とともに頬張れば、香りと旨さに全身が温まります。

●材料

ごはん…240g
しょうゆ…大さじ1
みりん…小さじ1

●作り方

1. バウルーにごはんを盛る。
2. フタを閉じて、中火で片面約1分ずつ焼く。
3. さらに片面約2分ごとにひっくり返しながら両面それぞれ4〜5分ずつ焼く。
4. フタを少し開けて、ごはんの表面がパリパリになっていたら、両面にしょうゆとみりんを混ぜたものをハケで塗り、さらに約1分ずつ焼いたら出来上がり。

Point

・焼きおにぎりは、ダブルタイプのバウルーを使います。
・バウルーにごはんを盛る際は、下半分に隙間なくごはんを敷き詰め、中心部分をやや高めにすると焼き目が均等になります。
・バウルーの内側にごはんが焦げ付かないように、火にかけている最中に、何度かバウルーを揺すって焼いていきます。
・調味液を重ね塗りする時は、表面が軽く焼けた後に塗ってください。その際、焼き過ぎると焦げ付きの原因になるので注意してください。
・ごはんの上にいろいろな具をのせて焼く場合は、具の上にバウルーより一回り小さくカットしたオーブン用シートをのせて焼くと焦げ付きが防げます。

Yakionigiri

パンだけじゃない、ごはんだって！

焼きおにぎり

見た目はまさに、
「おにぎらず」の焼きおにぎり版。
ごはんをバウルーに挟んで焼くと、
そう、焼きおにぎりが出来ちゃいます！

しょうゆや味噌の定番の味はもちろん、
バウルーなら具を挟み、いろんな味を
手軽に生み出せるのが嬉しいところ。

例えば天ぷらを挟んだ天むすは、
お茶やだし汁をかければ天茶風に。
小型両面フライパンのような
バウルーの特徴を生かせば、
表面にチーズをのせて香ばしく焼いた
オムライスやドライカレーなど
変わりダネも作れます。

焼き時間はややかかりますが、
いわゆる焼きおにぎりよりも、
味も具の幅も、ぐっと広がる
バウルーの焼きおにぎり。
それは「ホットライスサンド」と呼ぶに
ふさわしい、新しいおいしさなのです。

しその香りの鮭マヨネーズ

鮭といえば、おにぎりの具の定番。
そこにマヨネーズとしそを加えたら、
爽やかで香ばしい焼きおにぎりが出来上がりました。

●材料

ごはん…240g
鮭フレーク…25g
しそ…２枚
マヨネーズ…大さじ１

●作り方

1. ごはん半量をバウルーに盛る。
2. ボウルに鮭フレークとマヨネーズを混ぜ合わせる。
3. １のごはんの上にしそ、2をのせる。
4. ３の上に残りのごはんを盛る。

Point
塩鮭の切り身を
使う場合は、味をみて
塩加減を調整してください。

香ばしさにまっしぐら！ねこまんま

ねこはかつおぶしにまっしぐら。
ねこまんまをバウルーで焼けば、
おいしさと香ばしさに、我らがまっしぐら！

●材料

ごはん…240g
おかか…小袋１包（3g）
しょうゆ…大さじ１
白ごま…少々

●作り方

1. ボウルにごはん、おかか、しょうゆを入れて混ぜる。
2. １をバウルーに盛り、白ごまをふる。

Point
お好みで
溶けるチーズを挟んでも。

辛ばってん！ ダブル辛子

旨辛“ごはんの友”の合わせワザ。
辛子明太子は崩さずに、形を残すとキュートです。

●材料

ごはん…240g
辛子明太子…１本
辛子高菜…大さじ3

●作り方

1. ごはん半量をバウルーに盛る。
2. １のごはんの上に辛子高菜をのせ、残りのごはんを盛る。
3. ２の上に縦半分に切った辛子明太子をのせ、オーブン用シートをのせる。

Point
明太子サイズに切ったオーブン用シートをのせることで、焦げ付かなくなります。

ねばり勝ち！ オクラ納豆

ねばねば同士を仲よくサンド。
ところどころ焼け焦げた粒も、おいしさの一部です。

●材料

ごはん…240g
納豆…30g
オクラ…１本
しょうゆ…小さじ1/2
塩…少々

●作り方

1. 輪切りにしたオクラと納豆を混ぜ合わせ、しょうゆと塩で調味する。
2. ごはん半量をバウルーに盛る。
3. ２の上に１をのせ、残りのごはんを盛る。

Point
ひき割り納豆を使うと、お米としっかりからまります。

天茶にもぴったり！
かき揚げ天むす

ごはんとかき揚げをサンドして、
一緒にこんがり焼いたら天むすの出来上がり。
だし汁を注げば、絶品天茶も楽しめます！

●材料

ごはん…220g
かき揚げ…70g
めんつゆ…大さじ1
塩…小さじ1/4

●作り方

1. ボウルにごはん、めんつゆ、塩を入れて混ぜ合わせる。
2. 1の半量をバウルーに盛る。
3. 2の上にかき揚げをのせ、残りのごはんを盛る。

Point
かき揚げサンドに
だし汁を注ぎ、わさび、
刻みのりをのせると、
天茶としても楽しめます！

しみじみうまい菜めし

かぶや大根の葉を活用した菜飯。
日本に伝わる「かて飯」をバウルーで焼いた
さっぱり香ばしい一品です。

●材料

ごはん…240g
かぶまたは大根の葉…2本
白ごま…小さじ1
薄口しょうゆ…小さじ1/2
塩…小さじ1/2
ごま油…少々

●作り方

1. かぶの葉はみじん切りにする。
2. フライパンにごま油を熱して1を炒め、薄口しょうゆ、塩で調味する。
3. 2、ごはん、白ごまをボウルで混ぜ、バウルーに盛る。

Point
刻んだ小松菜でも
おいしく作れます。

香りがそそる！　ねぎザーサイ

中華の定食の相棒、ザーサイに
刻みねぎをあしらえば、
おにぎりでも飲める一品に！

●材料

ごはん…240g
ザーサイ…25g
長ねぎ…15g
塩…小さじ1/4

●作り方

1. ザーサイ、長ねぎはみじん切りにしてボウルに入れ、塩で調味する。
2. ごはん半量をバウルーに盛る。
3. 2の上に1をのせ、残りのごはんを盛る。

Point
風味付けに
ごま油を垂らしても。

舞茸バターじょうゆ

ヘルシーな舞茸を主役にした和ウルー。
バターじょうゆの旨みがごはんに染みて、
焼けるそばから、そそる香りを放ちます。

●材料

ごはん…240g
舞茸（ひと口大）…4片
バター…10g
しょうゆ…大さじ1/2
酒…少々

●作り方

1. フライパンにバターを溶かし、舞茸を炒め、しょうゆ、酒で調味する。
2. ごはん2/3の分量をバウルーに盛る。
3. 2の上に1をのせ、残りのごはんを盛る。

Point
バターが焦げないように
注意しましょう。

なめ茸チーズ

なめ茸のとろみと、溶けたチーズのまろやかなコク。
ごはんにぴったりの組み合わせです。

●材料

ごはん…240g
なめ茸…大さじ2
溶けるチーズ…15g
小ねぎ(小口切り)…少々

●作り方

1. ごはん半量をバウルーに盛る。
2. 1の上になめ茸、溶けるチーズ、小ねぎをのせ、残りのごはんを盛る。

Point
しそを加えると、
爽やかなアクセントに。

さっぱり！　梅しらす

素材の塩気で調味する、失敗知らずの焼きおにぎり。
さっぱりとした風味が後を引き、
お茶づけにしてもおいしい一品。

●材料

ごはん…240g
梅干し…1個
しらす…25g
のり(バウルーサイズ)…1枚

●作り方

1. ボウルにほぐした梅干し、しらす、ごはんを加えて混ぜる。
2. バウルーに1を盛る。
3. 2のごはんの上に、半分に切ったのり、オーブン用シートをのせる。

Point
のりは意外にバウルーに
くっつきます。
オーブン用シートをのせ、
くっつき防止を！

まぜまぜオムライス

チキンライスに卵を混ぜて焼くと、あら不思議。
卵がゆるやかにごはんをつなぐ、
オレンジ色の焼きおにぎりオムライスの誕生です。

●材料
チキンライス（冷凍）…200g
卵…1個
溶けるチーズ（スライス）…1枚

●作り方
1. チキンライスは電子レンジで温める。
2. ボウルに1を入れ、少し冷めたら卵を加えて混ぜる。
3. オーブン用シートをバウルーに敷き、2を盛り、半分に切った溶けるチーズをのせ、オーブン用シートを重ねる。

Point
ごはんの量が多すぎると、
焼いている時に
油が流れ出るので注意。

つかめるドライカレー

焼けた粉チーズの香ばしい匂いが食欲をそそる、
焼きドライカレー。カレーを片手で食べるという、
今までにない感覚が新鮮です。

●材料
ドライカレー（冷凍）…200g
溶けるチーズ（スライス）…1枚
粉チーズ…小さじ2

●作り方
1. ドライカレーは電子レンジで温める。
2. オーブン用シートをバウルーに敷き、1を盛る。粉チーズ、半分に切った溶けるチーズをのせ、オーブン用シートを重ねる。

Point
レーズンを加えると、
甘みがスパイスを
引き立てます。

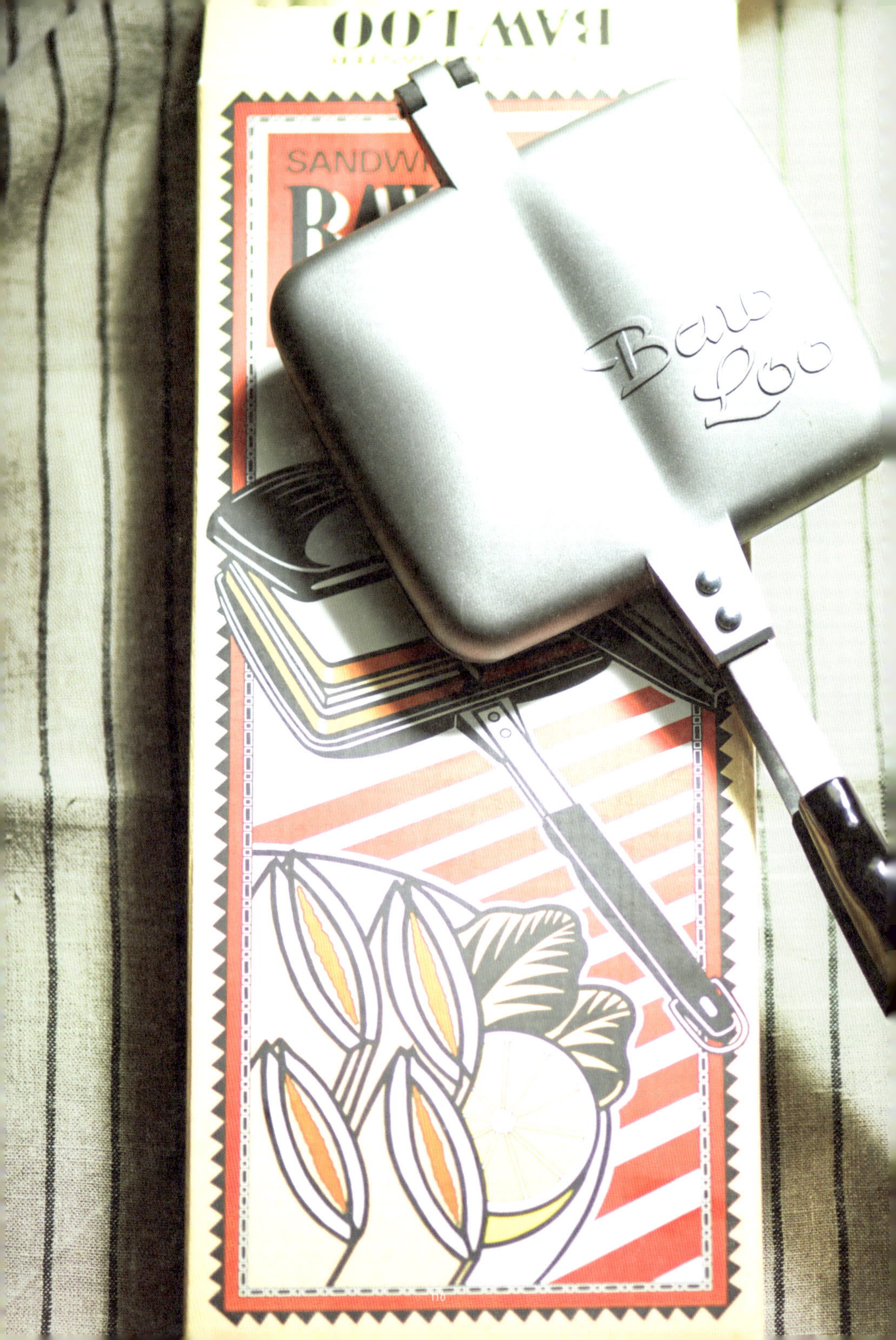
BAWLOO
Baw Loo

おわりに

バウルーは、ブラジルで生まれ、新潟県燕市で作られている
直火焼きのホットサンドメーカーです。

日本で誕生したのは、1970年代のこと。
10年売れればロングセラーといわれるこの業界で、なんとバウルーは40年選手。
今も調理器具業界の密かな人気者として、ジワジワと売れ続けています。

その昔は、母から子へとホットサンドを焼くために使われていたものですが、
今の時代は彼から彼女へ、夫から妻へ、息子から母へ。
料理は不慣れという方でも、
誰かのために手軽においしさを作れるのがバウルーの魔法です。

休日のブランチに、朝メニューに、お酒のつまみに、
ひと焼きするだけで、いつものごはんがひと味違って感じられるのが
バウルーで作るホットサンド。
世代を超えて誰もが感じる、おいしさと楽しさがここにあります。

ぜひこの本を手に、バウルーであなただけの
お気に入りメニューを見つけてください。
そして、いつまでも新鮮な気持ちで、
本書とバウルーを楽しんでいただけたらうれしいです。

バウルーホットサンドカフェ

バウルーホットサンドカフェ／やくみ

「やくみ」は“おいしくて楽しい”をモットーに、食のコンテンツ制作やメニュー開発を手掛ける男女ユニット。それぞれの特性と得意分野を生かし、2011年よりレシピサイト『バウルーホットサンドカフェ』を企画・運営している。
http://www.bawloo.com

〈やくみメンバー〉

佐藤貴子（しょうが）
食と宿にまつわる取材で全国を旅する編集・ライター。得意分野は中国料理と地域のおやつ。円卓の上の中華で一句詠む、中華句会主宰。

青田孝久（パクチー）
小学生時代から台所に立ってきた料理男子。得意料理はタイ料理とおふくろの味。本業はこの道30年のグラフィックデザイナー。

坂本貴秀（にんにく）
日本各地の伝承料理に精通。ローカルフードデザイナーとして、駅弁等の企画を通じ、地域食材や食文化のPRに取り組んでいる。

装幀　吉村 亮、眞柄花穂（Yoshi-des.）
撮影　宮濱祐美子

企画・編集　小池洋子（グラフィック社）

作ってあげたい、一緒に作りたい“アツアツレシピ”
男と女のホットサンド

2015年6月25日　初版第1刷発行
2015年11月25日　初版第2刷発行
2016年4月25日　初版第3刷発行
2016年10月25日　初版第4刷発行
2017年7月25日　初版第5刷発行
2018年6月25日　初版第6刷発行
2020年4月25日　初版第7刷発行

著者　バウルーホットサンドカフェ

発行者　長瀬 聡
発行所　株式会社グラフィック社
〒102-0073
東京都千代田区九段北1-14-17
tel.03-3263-4318（代表）　03-3263-4579（編集）
郵便振替　00130-6-114345
http://www.graphicsha.co.jp

印刷・製本　図書印刷株式会社

ISBN978-4-7661-2746-1
Printed in Japan